기초부터
차근차근!

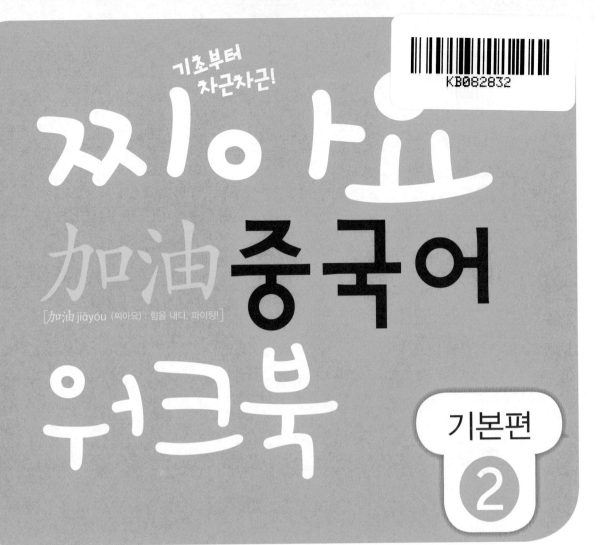

찌아요 加油 중국어 워크북

[加油 jiāyóu (찌아요) : 힘을 내다, 파이팅!]

기본편 ②

Tip

<간체자 쓰기 요령>

1. 가로획을 먼저 쓰고, 세로 획을 나중에 씁니다.   一 … 十

2. 삐침 획을 먼저 쓰고, 파임 획을 나중에 씁니다.   丿 … 八

3. 위에서 아래의 순서로 씁니다.   一 … 二

4. 왼쪽에서 오른쪽으로 씁니다.   丿 … 刂 … 川

5. 바깥에서 안쪽으로 씁니다.   丿 … 刀 … 月 … 月

6. 외곽, 안쪽, 막기의 순서로 씁니다.   丨 … 冂 … 罒 … 四 … 四

7. 중앙을 먼저 쓰고, 양쪽을 나중에 씁니다.   丨 … 小 … 小

JPLUS
Language Publishing Co.

01 你在哪儿工作?

1 알맞은 성조표기를 고르세요.

❶ 工作
- gōngzuò
- gòngzuo

❷ 公司
- gòngsī
- gōngsī

❸ 贸易
- màoyì
- màoyī

❹ 导游
- dáoyóu
- dǎoyóu

2 그림을 보고 예시처럼 장소와 해당하는 직업을 연결하세요.

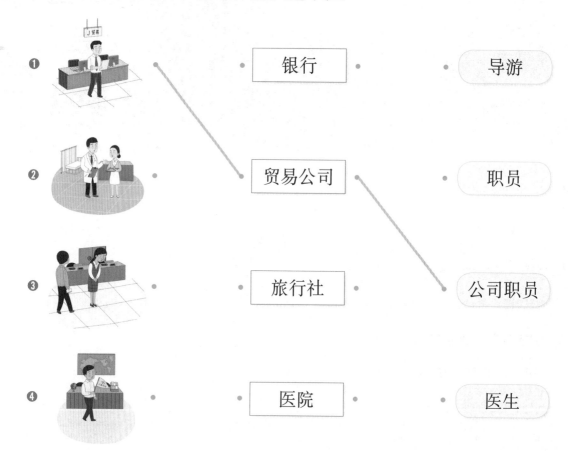

银行 · · 导游

贸易公司 · · 职员

旅行社 · · 公司职员

医院 · · 医生

3 보기와 같이 그림을 보고 문장을 만드세요.

我 + 在 + 장소 + ~하다.
→ 我在医院看病。

机场　旅行社　银行
换钱　办手续　订票

❶  我在 ☐ ☐ 。

❷  我在 ☐ ☐ 。

❸  我在 ☐ ☐ 。

4 다음 질문에 답해 보세요.

❶ 你做什么工作？　→

❷ 你在哪儿工作？　→

❸ 你在哪儿买东西？　→

工作
gōngzuò

품사 명사/동사   의미 일, 일을 하다

公司
gōngsī

품사 명사   의미 회사

机场
jīchǎng

품사 명사   의미 공항

医生
yīshēng

품사 명사   의미 의사

护士
hùshi

품사 명사   의미 간호사

导游
dǎoyóu
품사 명사　의미 가이드

订票
dìngpiào
품사 동사　의미 예매하다

看病
kànbìng
품사 동사　의미 진찰받다

换钱
huànqián
품사 동사　의미 환전하다

办手续
bàn shǒuxù
의미 수속하다

02 现在几点?

1 시계를 보고 몇 시 몇 분인지 중국어로 쓰세요.

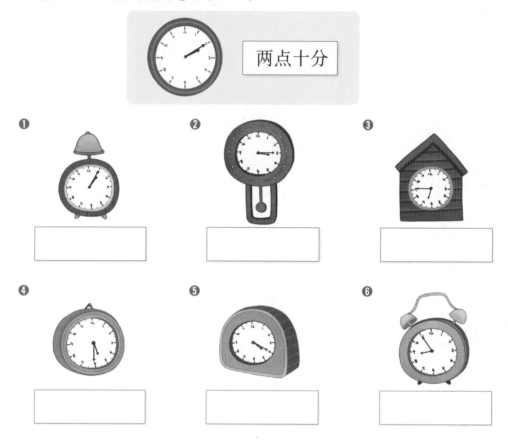

两点十分

❶

❷

❸

❹

❺

❻

2 보기의 단어를 '아침'부터 순서대로 나열한 후, 발음을 쓰세요.

晚上　中午　早上　下午　上午

□ → □ → □ → □ → □

3 다음 시간과 그 시간대에 어울리는 그림을 연결하고 그 동작을 쓰세요.

❶ 上午九点 ·

❷ 中午十二点半 ·

❸ 下午五点 ·

❹ 晚上十一点一刻 ·

4 빈칸을 채워 대화를 완성하세요.

A: _____? 지금 몇 시야?

B: 现在两点半。

A: _____? 너 몇 시에 집에 갈거야?

B: 我晚上六点回家。

5 다음 질문에 답해보세요.

❶ 你几点起床? →

❷ 你几点回家? →

❸ 你几点睡觉? →

现在
xiànzài

품사 명사　의미 지금

点
diǎn

품사 명사　의미 시

分
fēn

품사 양사　의미 분

一刻
yí kè

의미 15분

半
bàn

품사 수사　의미 반(1/2)

上课
shànkè

품사 동사　의미 수업하다

下课
xiàkè

품사 동사　의미 수업이 끝나다

起床
qǐchuáng

품사 동사　의미 일어나다

回家
huíjiā

품사 동사　의미 집에 가다, 귀가하다

睡觉
shuìjiào

품사 동사　의미 잠자다

1 다음 빈칸을 채우세요.

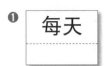 ❶ 每天    ❷ měizhōu   ❸ 매월   ❹ 매년

_____   _____   _____   _____

2 보기에서 알맞은 것을 골라 빈칸을 채우고 뜻을 쓰세요.

> 十月   星期五   我家   奶奶   早上6点

❶ 从 [　　　] 到晚上11点   _____

❷ 从星期一到 [　　　]   _____

❸ 从 [　　　] 到公司   _____

❹ 从二月到 [　　　]   _____

3 바르게 작문한 것을 고르세요.

❶ 나는 길을 모릅니다.
    a. 我不知道路。
    b. 我不认识路。

❷ 너 언제 집에 오니?
    a. 你什么时候回家？
    b. 你什么时候回家吗？

4 그림을 보고 질문에 답하세요.

❶

A: 你几点上课？

B: _____ 。

❷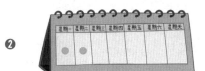

A: 你什么时候考试？

B: _____ 。

❸

A: 你从几月到几月学汉语？

B: _____ 。

5 다음 문장을 바르게 배열하여 문장을 완성하세요.

❶ 认识　吗　你　他　　너 그 사람 알아?

→ _____

❷ 路　认识　我　不　　나는 길을 모른다.

→ _____

❸ 我们　时候　什么　见面　　우리 언제 만나?

→ _____

❹ 个　周末　去　爸爸　每　都　爬山　　아빠는 매 주말마다 등산을 하셔.

→ _____

간체자 쓰기연습

每天
měitiān
품사 명사/부사　**의미** 매일

课
kè
품사 명사　**의미** 수업, 강의

路
lù
품사 명사　**의미** 길

都
dōu
품사 부사　**의미** 모두

认识
rènshi
품사 동사　**의미** 알다, 인식하다

12

见面
jiànmiàn

품사 동사　의미 만나다

打扫
dǎsǎo

품사 동사　의미 청소하다

辅导
fǔdǎo

품사 동사　의미 과외하다

考试
kǎoshì

품사 동사　의미 시험을 치다

当然
dāngrán

품사 형용사/부사　의미 당연하다, 당연히

04 你在干什么?

1 바르게 표기된 것을 고르고 큰소리로 읽어 보세요.

❶ 约会   a. yuèhuì   b. yuēhuì   ❷ 洗澡   a. xǐzǎo   b. xǐzào

❸ 下班   a. xiàbān   b. xiàbàn   ❹ 休息   a. xiūxī   b. xiūxi

❺ 毕业   a. bīyè   b. bìyè

2 보기와 같이 부사 "在"를 사용하여, 그림을 묘사해 보세요.

爸爸<u>在看报</u>。

❶

奶奶＿＿＿＿＿＿＿。

❷

弟弟＿＿＿＿＿＿＿。

❸

哥哥＿＿＿＿＿＿＿。

❹

妹妹＿＿＿＿＿＿＿。

3 보기에서 알맞은 것을 골라 빈칸을 채우세요.

> 10岁   吃饭   四月

❶ ☐☐ 以后，妹妹自己洗澡。

❷ ☐☐ 以后，我要喝咖啡。

❸ ☐☐ 以后，天气很暖和。

4 다음 빈칸에 들어갈 말을 중국어로 쓰세요.

❶

A: 喂，你好！王老师在吗？

B: 在，_____。 잠시만 기다려 주세요.

❷

A: 喂，_____？ 너 어디야?

B: 我在超市。

❸

A: 喂，_____？ 너 뭐 해?

B: 我在网吧上网。

❹

A: 喂，你有时间吗？

B: _____，我在公司开会呢。

죄송해요.

5 다음 질문에 답해 보세요.

❶ 你在干什么？   →

❷ 下班(下课)以后，你要干什么？   →

❸ 周末你有时间吗？   →

在 zài

품사 부사　의미 ~하고 있다

当 dāng

품사 동사　의미 ~이 되다

请 qǐng

품사 동사　의미 부탁할 때 쓰는 경어

等 děng

품사 동사　의미 기다리다

稍 shāo

품사 부사　의미 조금, 약간

以后
yǐhòu

품사 명사　의미 이후

休息
xiūxi

품사 동사　의미 쉬다

约会
yuēhuì

품사 동사　의미 데이트하다

洗澡
xǐzǎo

품사 동사　의미 샤워하다

加班
jiābān

품사 동사　의미 야근하다

05 我先上去，一会儿见！

1 다음 그림의 동작을 중국어로 표현하세요.

| 出 | 进 | 上 | 下 | 过 | | 来 | 去 |

<u>过去</u>

❶

❷

❸

❹

❺

2 문장을 읽고 알맞은 의문사를 고르세요.

❶ 你星期六下午干（ 什么 / 怎么 ）？

❷ （ 哪儿 / 怎么 ）去颐和园？远不远？

❸ 小龙坐出租车去（ 哪儿 / 为什么 ）？

❹ 北京冬天的天气（ 什么 / 怎么样 ）？

❺ 你（ 多少 / 为什么 ）学汉语？

18

3 다음 문장을 큰 소리로 읽고, 뜻을 쓰세요.

❶ 不好意思，麻烦你了！　　　　　→ _____

❷ 昨天太麻烦你了。　　　　　　　→ _____

❸ 麻烦你，和我一起去一下！　　　→ _____

❹ 导游小姐，麻烦你帮我们办手续。→ _____

4 다음 보기에서 알맞은 것을 골라 빈칸을 채우세요.

一会儿　　一下

❶ A: 你怎么不上来？
   B: 我 _____ 上去。

❷ A: 你过来 _____ 。
   B: 我马上过去。

❸ A: 麻烦你，让 _____ 。
   B: 好的。

❹ A: 我想和你谈 _____ 。
   B: 我现在没时间，_____ 再谈吧。

5 빈칸에 알맞은 단어를 넣어 문장을 완성하세요.

麻烦　　马上　　太~了　　帮

❶ _____ 贵 _____ ，便宜点儿吧。

❷ 不好意思，再 _____ 你一下。

❸ _____ 去看你。

❹ 我 _____ 弟弟做作业。

19

材料
cáiliào

품사 명사　의미 자료

怎么
zěnme

품사 대명사　의미 어째서, 왜

准备
zhǔnbèi

품사 동사　의미 준비하다

帮
bāng

품사 동사　의미 돕다

试
shì

품사 동사　의미 시도하다

麻烦
máfan

품사 동사　의미 번거롭게 하다

谈
tán

품사 동사　의미 말하다

让
ràng

품사 동사　의미 양보하다

打
dǎ

품사 동사　의미 (전화를) 걸다

转告
zhuǎngào

품사 동사　의미 전하여 알리다

王府井有多远?

1 단어를 읽고 알맞은 것끼리 연결하세요.

❶ 久 •　　　• jiǔ •　　　• 넓다

❷ 宽 •　　　• zhòng •　　　• 오래되다

❸ 深 •　　　• yuǎn •　　　• 멀다

❹ 重 •　　　• shēn •　　　• 무겁다

❺ 远 •　　　• kuān •　　　• 깊다

2 보기에서 알맞은 형용사와 단위를 골라 대화를 완성하세요.

| A | 远　长　重　高 | B | 米　克　公里 |

❶

A: 哥哥的床有多 _____ ?

B: 2 _____ 左右。

❷
180cm

A: 姐姐的男朋友多 _____ ?

B: 大概1 _____ 8左右。

❸
1 km

A: 网吧有多 _____ ?

B: 从这儿到网吧大概1 _____ 。

❹

A: 一个苹果有多 _____ ?

B: 150 _____ 左右。

3   다음 문장을 순서대로 배열하세요.

❶ ┌─ 早上 爷爷 起床 左右 6点 ─┐   할아버지는 아침 6시즈음 일어나신다.

→ _____

❷ ┌─ 上班 我 50 地铁 左右 坐 分钟 ─┐   나는 출근하는데 지하철로 50분 정도 걸린다.

→ _____

❸ ┌─ 要 我 多久 等 ─┐   얼마나 기다려야 되죠?

→ _____

4   대화가 되도록 알맞은 것끼리 연결하세요.

❶ | KOEX有多远？ | •   • | 5公里左右。 |

❷ | 长安街多长？ | •   • | 15分钟左右。 |

❸ | 要等多久？ | •   • | 坐地铁30分钟。 |

5   다음 질문에 답해보세요.

❶ 你个子有多高？   →

❷ 你每天睡几个小时？   →

❸ 你们公司(学校)远吗？   →

远
yuǎn
품사 형용사　의미 멀다

重
zhòng
품사 형용사　의미 무겁다

深
shēn
품사 형용사　의미 깊다

宽
kuān
품사 형용사　의미 넓다

久
jiǔ
품사 형용사　의미 오래다, (시간이) 길다

左右
zuǒyòu

품사 명사　의미 정도, 쯤

分钟
fēnzhōng

품사 명사　의미 분 (분의 양을 세는 단위)

小时
xiǎoshí

품사 명사　의미 시간 (시간의 양을 세는 단위)

公斤
gōngjīn

품사 양사　의미 킬로그램

公里
gōnglǐ

품사 양사　의미 킬로미터

你会喝酒吗?

1 다음 그림의 동작에 해당하는 단어를 찾아 연결하세요.

❶  • • tán gāngqín • • 弹 • • 舞

❷  • • kāichē • • 开 • • 歌

❸  • • tiàowǔ • • 唱 • • 车

❹  • • chànggē • • 跳 • • 钢琴

2 다음 문장을 읽고 맞으면 ◯, 틀리면 ✕ 하세요.

❶ 我病了，不会去考试。 ☐ ❷ 我一分钟会游四十米。 ☐

❸ 你会说汉语吗? ☐ ❹ 我今天不会开车。 ☐

3 자연스러운 문장이 되도록 알맞은 단어를 고르세요.

❶ 坐飞机 $\begin{array}{c}一点儿\\\hline有点儿\end{array}$ 贵，买火车票吧。   ❷ 你快吃 $\begin{array}{c}一点儿\\\hline有点儿\end{array}$ 吧。

❸ 给我 $\begin{array}{c}一点儿\\\hline有点儿\end{array}$ 巧克力。

4 자연스러운 대화가 되도록 보기에서 알맞은 단어를 찾아 써 넣으세요.

> 不会　真抱歉　能　一会儿　会

❶ A: 你＿＿＿＿＿＿开车吗？ 운전 하실 줄 아세요?

　　B: 我＿＿＿＿＿＿开车。 저 운전 못해요.

❷ A: 你＿＿＿＿＿＿吃辣的吗？ 매운 것 드실 수 있어요?

　　B: 我喜欢吃辣的。 저 매운 것 좋아해요.

❸ A: 下班以后喝一杯怎么样？ 퇴근하고 한잔 어때요?

　　B: 好，＿＿＿＿＿＿见。 좋아요, 이따 봐요.

❹ A: 你＿＿＿＿＿＿帮我一下吗？ 저 좀 도와주실 수 있나요?

　　B: ＿＿＿＿＿＿，我要加班。 죄송해요, 야근해야 해서요.

5 다음 질문에 답해 보세요.

❶ 你会喝酒吗？能喝多少？　→

❷ 你会说几种外语？　→

※外语(wàiyǔ) : 외국어

27

会
hui

품사 조동사   의미 ~할 줄 안다

能
néng

품사 조동사   의미 ~할 수 있다

便宜
piányi

품사 형용사   의미 싸다

快
kuài

품사 형용사   의미 빠르다

慢
màn

품사 형용사   의미 느리다

开车
kāichē

품사 동사　의미 운전하다

抱歉
bàoqiàn

품사 동사　의미 미안해하다

唱歌
chànggē

품사 동사　의미 노래하다

跳舞
tiàowǔ

품사 동사　의미 춤을 추다

钢琴
gāngqín

품사 명사　의미 피아노

1 다음 발음에 알맞은 단어를 고르세요.

❶ shùmǎ xiàngjī   **❷** bǐjì   **❸** wèntí

数码相机	笔迹	问题
数码像机	笔记	问提

2 빈칸에 공통으로 들어갈 단어를 쓰세요.

❶ 一个月 ☐ 行。

打一个电话 ☐ 行。

❷ A: 我们明天两点见面，行 ☐ ？

B: ☐ ，两点我还有课。

> 不
> 就
> 行

3 자연스러운 대화가 이루어지도록 빈칸에 알맞은 단어를 써 넣으세요.

A: 我可以＿＿＿你的数码相机吗？

B: 你要＿＿＿？

A: 一天＿＿＿！

B: 没问题！

> 就
> 几 借
> 天 行

4 단어를 바르게 배열하여 중국어로 말해 보세요.

❶ (帮　我　可以　你) 내가 너를 도울 수 있어.

→ ＿＿＿＿＿＿＿＿＿＿＿＿＿＿＿＿。

❷ (帮　吗　我　可以　你　一下) 나를 도와 줄 수 있나요?

→ ＿＿＿＿＿＿＿＿＿＿＿＿＿＿＿＿?

❸ (坐　吗　我　这儿　可以) 제가 여기 앉아도 될까요?

→ ＿＿＿＿＿＿＿＿＿＿＿＿＿＿＿＿?

❹ (进　吗　我　可以　来) 제가 들어가도 될까요?

→ ＿＿＿＿＿＿＿＿＿＿＿＿＿＿＿＿?

5 다음 문장을 읽고 빈칸에 들어갈 말을 고르세요.

❶ 下午你 ⬚ 来机场接我吗？

❷ 学开车要一个月 ⬚ 。

❸ 这个房间很大, ⬚ 住四五个人。

❹ 你不用去，我一个人去 ⬚ 。

可以

就行

可以
kěyǐ

품사 조동사　의미 ~할 수 있다(가능, 허가)

行
xíng

품사 형용사　의미 좋다, 괜찮다

借
jiè

품사 동사　의미 빌리다

用
yòng

품사 동사　의미 사용하다

打电话
dǎ diànhuà

의미 전화를 걸다

问题
wèntí
품사 명사　의미 문제

相机
xiàngjī
품사 명사　의미 카메라

笔记
bǐjì
품사 명사　의미 노트

早
zǎo
품사 형용사　의미 이르다

就
jiù
품사 부사　의미 곧

1 뜻을 보고 알맞은 중국어와 병음을 쓰세요.

❶ ~보다 →

❷ ~와 →

❸ 같다 →

❹ 더욱 →

2 다음 빈칸에 들어갈 비교대상을 보기에서 찾아 써넣으세요.

❶ 我比 ⬚ 高。

❷ 这个房间比 ⬚ 大。

❸ 英语比 ⬚ 难一点儿。

❹ 你的手机比 ⬚ 更贵。

> 我的手机
>
> 那个房间
>
> 汉语
>
> 哥哥

3 밑줄 친 부분에 유의하여 정확한 뜻을 써 보세요.

❶ 你是中国人吧?

_____

❷ 这个房间比那个房间更贵。

_____

❸ 我跟她一样大。

_____

4   그림을 보고 힌트를 활용하여 비교문을 만드세요.

❶   我   男朋友   大
    24岁   28岁   4岁

男朋友 _____

❷   上海   北京   热

上海 _____

❸   词典   书   重

词典 _____

❹   百货商店   市场   便宜

市场 _____

5   '跟(=和)……. 一样'을 사용하여 중국어로 말해보세요.

❶ 나는 그와 나이가 같아요. 大   → _____

❷ 나는 엄마와 키가 같아요. 高   → _____

❸ 영어와 중국어 똑같이 어려워요. 难   → _____

比
bǐ

품사 개사　　**의미** ~보다, ~에 비해(비교)

跟
gēn

품사 개사　　**의미** ~와 (=和)

一样
yíyàng

품사 형용사　　**의미** 같다

更
gèng

품사 부사　　**의미** 더욱

难
nán

품사 형용사　　**의미** 어렵다

市场
shìchǎng

품사 명사　의미 시장

房间
fángjiān

품사 명사　의미 방

厘米
límǐ

품사 명사　의미 센티미터(cm)

好学
hǎo xué

의미 배우기 쉽다

明天不会下雨吧?

1 알맞은 것끼리 연결하고 그 뜻을 쓰세요.

❶ 认识 •

❷ 知道 •

❸ 永远 •

❹ 忘记 •

• yǒngyuǎn _____

• wàngjì _____

• rènshi _____

• zhīdao _____

2 보기에서 알맞은 단어를 찾아 빈칸을 채우세요.

难　爬山　暖和　回来　电影

❶ 明天天气会很 ____ 。

❷ 周末我会跟朋友看 ____ 。

❸ 晚上八点半你会 ____ 吗?

❹ 学英语会比学汉语更 ____ 吧?

❺ 他女朋友会和他一样喜欢 ____ 的。

3 문맥에 맞도록 알맞은 단어를 고르세요.

❶ 弟弟今天起床很晚, 大概 / 一定 会迟到的。

❷ 谢谢你帮我, 我永远不会 知道 / 忘记 你。

❸ 他大概会 喜欢 / 骗 这个礼物。

❹ 麻烦你, 准备 一下 / 一会 办手续的材料。

4 다음을 중국어로 옮기세요.

❶ 그가 알 겁니다. 会 + 동사

_____

❷ 그가 알리 없습니다. 不会 + 동사

_____

❸ 그가 모를리가 없습니다. 不会不 + 동사 / 강한 추측

_____

5 그림을 보고 알 수 있는 것들을 모두 고르세요.

Park Tae hwan

키 183cm
직업 수영선수

ⓐ 他一定会游泳。

ⓑ 他一定是韩国人。

ⓒ 他大概喜欢喝可乐。

ⓓ 他一定很高。

ⓔ 他大概喜欢运动。

ⓕ 他大概身体很好。

ⓖ 他一定会生气。

ⓗ 他大概会弹钢琴。

_____

一定
yíding

품사 부사　의미 분명히, 반드시

会
huì

품사 조동사　의미 ~일 것이다

大概
dàgài

품사 부사　의미 아마, 대개

下雨
xiàyǔ

품사 동사　의미 비가 내리다, 비가 오다

知道
zhīdao

품사 동사　의미 알다

骗
piàn
品사 동사　의미 속이다

永远
yǒngyuǎn
品사 부사　의미 영원히

忘记
wàngjì
品사 동사　의미 잊어버리다

迟到
chídào
品사 동사　의미 지각하다

你吃饭了吗？

1 빈칸을 채우고 알맞은 것끼리 연결하세요.

❶  ❷  ❸  ❹

| | 冷 | | 尝 |

lěng   kùn   cháng   è

졸리다   맛보다   배고프다   춥다

2 다음 지시에 따라 알맞은 형태로 바꾸세요.

❶ 吃了 → 부정 → _____

❷ 来了 → 의문문 → _____

❸ 饿了 → ～죽겠다 → _____

3 보기에서 알맞은 단어를 찾아 빈칸을 채우세요.

❶ 我 ☐ 也没买。

❷ 我周末一天都在家，☐ 也没去。

❸ 上课时间到了，可 ☐ 也没来。

谁
哪儿
什么

4 다음을 중국어로 말해 보세요.

    ❶ 이미 먹었습니다.   ➡   _____

    ❷ 아직 안 먹었어요.   ➡   _____

    ❸ 아무도 먹지 않았습니다. ➡   _____

    ❹ 아무 것도 안 먹었습니다. ➡   _____

5 대화가 이어지도록 문장을 연결하세요.

你吃了吗?

No!   Yes!

ⓐ 没吃。   ⓑ 已经吃了。

ⓒ 你吃了什么?   ⓓ 你快吃点儿什么吧。

ⓔ 我吃了面包。   ⓕ 你给我做菜, 好不好?

了
le

품사 동태조사　의미 완료의 어감

已经
yǐjing

품사 부사　의미 이미

刚才
gāngcái

품사 명사　의미 방금

饿
è

품사 형용사　의미 배고프다

死了
sǐ le

의미 ~해 죽겠다

44

困 kùn
품사 형용사　의미 졸리다

冻 dòng
품사 동사　의미 얼다

尝 cháng
품사 동사　의미 맛보다

笔记本 bǐjìběn
품사 명사　의미 노트, 수첩

12 别着急，还有时间！

1 빈칸에 알맞은 중국어를 써 보세요.

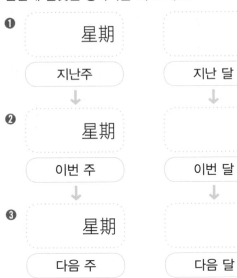

❶
星期	月	次
지난주	지난 달	지난 번
↓	↓	↓

❷
星期	月	次
이번 주	이번 달	이번
↓	↓	↓

❸
星期	月	次
다음 주	다음 달	다음 번

2 보기에서 알맞은 단어를 찾아 빈칸을 채우세요.

> 别　着急　马上

❶ ☐ 什么 ☐ ，还有时间呢。

❷ 钱包丢了，我很 ☐ 。

❸ 知道了，我 ☐ 睡。

❹ ☐ 抽烟了！抽烟对身体不好。

3 문장을 읽고 알맞은 표현을 고르세요.

❶ 九点上课，美娜八点 (就 / 才) 来了。

❷ 我昨天很晚 (就 / 才) 回家。

❸ 电影七点开始，朋友七点半 (就 / 才) 来。

❹ A: 你上星期 (就 / 才) 写了？

　　B: 我今天 (就 / 才) 开始写呢。

4 주어진 표현을 순서대로 배열하여 중국어로 말해 보세요.

❶ (才 看 不好意思 现在 见 短信) 죄송해요, 지금에서야 문자를 봤어요.

→ _____

❷ (有 别 人 关门 呢 里面 还) 문 닫지 마세요, 안에 사람 있어요.

→ _____

❸ (是 哭 都 我 错 别 的 了) 그만 울어, 다 내 잘못이야.

→ _____

才
cái

품사 부사　의미 겨우, ~에서야

别
bié

품사 부사　의미 ~하지 마라

着急
zháojí

품사 동사　의미 조급해하다, 초조해하다

上星期
shàngxīngqī

품사 명사　의미 지난주

管
guǎn

품사 동사　의미 관여하다, 상관하다

结婚
jiéhūn

품사 동사　의미 결혼하다

起飞
qǐfēi

품사 동사　의미 이륙하다

哭
kū

품사 동사　의미 울다

报告
bàogào

품사 명사　의미 보고서, 리포트

担心
dānxīn

품사 동사　의미 걱정하다

13 你去过香港吗？

1 보기를 활용하여 제시된 문장을 완성해 보세요.

> a. 好 b. 只 c. 去 d. 没 e. 几 f. 一 g. 次 h. 过

❶ 가 본 적 있다. ▢▢

❷ 단지 한 번 가 봤다. ▢▢▢▢▢

❸ 가 본 적 없다. ▢▢▢

❹ 여러번 가 봤다. ▢▢▢▢

2 보기에서 알맞은 단어를 찾아 빈칸을 채우세요.

> 一下　只　好几次　一次

❶ 我 ▢ 去过一次上海。

❷ 我 ▢ 也没吃过这个菜。

❸ 我去过 ▢ 中国。

❹ 我可以试 ▢ 吗？

3 경험의 동태조사를 활용하여 상황에 맞게 빈칸에 알맞은 말을 써넣으세요.

❶ 听 　你以前 ▢▢ 这首歌吗？

❷ 见 　我 ▢▢ 王老师。

❸ 吃 　你 ▢▢ 这个菜吗？

4　주어진 표현이 들어갈 알맞은 곳을 고르세요.

❶ 我 A 去 B 过 C 中国。　一次

❷ 我 A 没 B 去过 C 中国。　一次也

❸ 我 A 吃过 B 一次 C 中国菜。　只

❹ 我 A 没吃 B 过 C 中国菜。　从来

❺ 我 A 没 B 学过 C 中国歌。　还

5　다음 질문에 중국어로 답해 보세요.

❶ 你去过中国吗?　→

❷ 你去过几次中国?　→

❸ 你吃过中国菜吗?
中国菜好不好吃?　→

过
guo

품사 동태조사　의미 ~한 적이 있다

只
zhǐ

품사 부사　의미 오로지, 단지

从来
cónglái

품사 부사　의미 여태껏, 이제까지

减肥
jiǎnféi

품사 동사　의미 다이어트하다

搬家
bānjiā

품사 동사　의미 이사하다

好玩
hǎowán

품사 형용사　의미 놀기 좋다, 재미있다

香港
Xiānggǎng

품사 명사　의미 홍콩(지명)

首
shǒu

품사 양사　의미 곡(노래를 세는 양사)

以前
yǐqián

품사 명사　의미 이전

一下
yíxià

품사 동량사　의미 한번, 1회 (동사 뒤에서 가벼운 시도를 나타냄)

1 다음 단어에 해당하는 그림의 기호를 찾아 쓰세요.

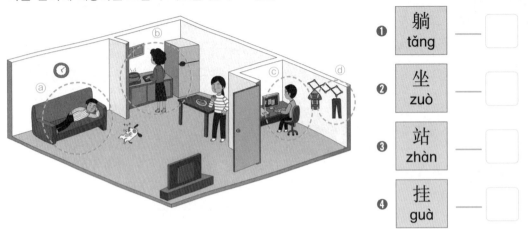

❶ 躺 tǎng ___ ☐

❷ 坐 zuò ___ ☐

❸ 站 zhàn ___ ☐

❹ 挂 guà ___ ☐

2 다음 제시된 동사를 보기와 같이 만드세요.

笑	웃으면서 말한다 →	笑着说话

❶ 坐 앉아서 책을 본다 → ☐

❷ 站 서서 음악을 듣는다 → ☐

❸ 躺 누워서 자고 있다 → ☐

❹ 跑 뛰어서 집으로 돌아온다 → ☐

说话 听音乐
睡觉
回家 看书

3 다음 보기에서 알맞은 단어를 찾아 빈칸을 채우세요.

❶ 我 ☐ 要找他呢。

❷ 我 ☐ 想去北京看看天安门。

❸ 外边下 ☐ 雨 ☐ 。

❹ ☐ 十二点 ☐ ，还不起床。

都 了 呢
一直 正 着

4   바른 순서대로 배열하여 문장을 완성하세요.

❶   起床 了 都 不 九点 还   벌써 9시인데, 아직도 안 일어나니!

→ _____

❷   怎么 了 都 来 不 八点 你 还   벌써 8시인데, 너 왜 안 오니?

→ _____

❸   一直 今天 下雪   오늘은 계속 눈이 내리네요.

→ _____

❹   关机 一直 手机   핸드폰이 계속 꺼져 있어요.

→ _____

5   다음 대화문에 공통으로 들어갈 단어를 쓰세요.

❶ A: 你刚才干什么了？

B: 我 ☐ 都在躺 ☐ 看书。

❷ A: 老师在干什么？

B: 老师 ☐ 站 ☐ 说话。

着
zhe

품사 동태조사　의미 동작이나 상태의 지속을 나타냄

躺
tǎng

품사 동사　의미 눕다

挂
guà

품사 동사　의미 걸다

放
fàng

품사 동사　의미 놓다

站
zhàn

품사 동사　의미 서다

出事
chūshì

품사 동사　　의미 일이 생기다

关机
guānjī

품사 동사　　의미 전자제품의 전원을 끄다

告诉
gàosu

품사 동사　　의미 알리다

墙
qiáng

품사 명사　　의미 벽

一直
yìzhí

품사 부사　　의미 계속, 줄곧

15 干了多长时间了?

1 다음 단어의 알맞은 발음을 고르고 그 뜻을 쓰세요.

❶ 干
- gān
- gàn

_____

❷ 觉得
- juéde
- juédé

_____

❸ 努力
- nǔlì
- nǔlì

_____

❹ 差不多
- chàbuduō
- chābuduō

_____

2 다음 제시된 단어를 보기와 같이 바꾸고 뜻을 쓰세요.

学　半年 → <u>学了半年了。</u>(배운지 반 년 되었다.)

❶ 等　两个小时 → _____ (　　　　　　　　)

❷ 教　好几年 → _____ (　　　　　　　　)

❸ 干　十多年 → _____ (　　　　　　　　)

❹ 学　三个月 → _____ (　　　　　　　　)

3   보기에서 알맞은 단어를 찾아 빈칸을 채우세요.

❶ 我来中国已经 [   ] 几年了。

❷ 我 [   ] 汉语有点儿难。

❸ 你都三十五岁了, [   ] 结婚了。

❹ 你等了多 [   ] 了?

❺ 我学汉语 [   ] 一个月了。

> 差不多   久
> 该   觉得   好

4   다음 문장을 중국어로 바르게 옮긴 표현을 고르세요.

❶ 중국어 공부한 지 얼마나 됐어요?

a. 你学了汉语学多长时间了?   b. 你学汉语学了多长时间了?

❷ 1년째 배우고 있어요.(지금도 배우고 있음)

a. 我学一年了。   b. 我学了一年了。

5   자연스러운 대화가 되도록 연결하세요.

A   B

❶ 吃好了吗?   •   • 差不多20分钟了。

❷ 等车等了多久了?   •   • 差不多了。

❸ 你学汉语多长时间了?   •   • 差不多一年了。

換
huàn

품사 동사　의미 바꾸다

差
chà

품사 형용사/명사(chā)　의미 차이가 나다(못미치다), 차이

差不多
chàbuduō

품사 부사　의미 거의, 대체로

觉得
juéde

품사 동사　의미 ~라고 느끼다, 생각하다

该
gāi

품사 조동사/동사　의미 ~해야 한다, 차례가 되다

努力
nǔlì

품사 동사　의미 노력하다, 힘쓰다

住
zhù

품사 동사　의미 살다

等
děng

품사 동사　의미 기다리다

16 糟糕！我的护照不见了！

1 다음 단어에 알맞은 중국어를 고르세요.

❶ 엉망이다
　糟糕
　曹糕

❷ 마치 ~인것 같다
　好象
　好像

❸ 화내다
　生气
　生汽

❹ 맑다
　青
　晴

2 그림을 보고 상황에 맞게 문장을 완성해보세요.

❶ 春天 ☐，树都绿 ☐。

❷ 天气 ☐ ☐ ☐。

❸ ☐ 以前 ☐ ☐。

❹ 她 ☐ 漂亮 ☐。

了
变
更
比
冷
瘦

3 문장의 의미를 살려서 '不' 또는 '没'를 선택하세요.

❶ 조금도 기쁘지 않다. → 一点儿也 (不 没) 高兴。

❷ 조금도 화내지 않다. → 一点儿也 (不 没) 生气。

❸ 조금도 변하지 않았다. → 一点儿也 (不 没) 变。

62

4 예시와 같이 문장을 만든 후, 알맞은 뜻과 연결하세요.

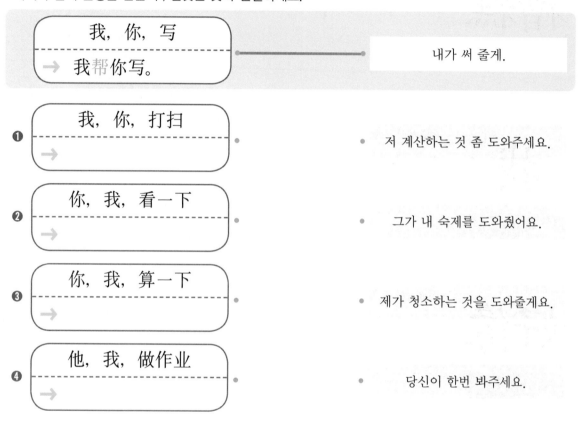

我, 你, 写
→ 我帮你写。

내가 써 줄게.

❶
我, 你, 打扫
→

저 계산하는 것 좀 도와주세요.

❷
你, 我, 看一下
→

그가 내 숙제를 도와줬어요.

❸
你, 我, 算一下
→

제가 청소하는 것을 도와줄게요.

❹
他, 我, 做作业
→

당신이 한번 봐주세요.

5 힌트를 활용하여 다음을 중국어로 말해보세요.

❶ 너 예전보다 예뻐졌구나. 比以前 了 → _____

❷ 좀 배가 고파졌어요. 了 → _____

❸ 한번 (시도)해 보세요. 试 看 → _____

❹ 제 생각엔 전혀 안 짠데요. 觉得 咸 一点儿 → _____

糟糕
zāogāo

품사 동사　의미 엉망이다, 야단났다

找
zhǎo

품사 동사　의미 찾다

好像
hǎoxiàng

품사 동사　의미 마치 ~인 것 같다

瘦
shòu

품사 형용사　의미 마르다, 날씬하다

高兴
gāoxing

품사 동사/형용사　의미 기쁘다

算
suàn

품사 동사　의미 계산하다

生气
shēngqì

품사 동사　의미 화내다

变
biàn

품사 동사　의미 달라지다, 변화하다

晴
qíng

품사 동사/형용사　의미 (날씨가) 맑다, 개다

乱
luàn

품사 형용사　의미 어지럽다, 지저분하다

1 你在哪儿工作? p.2~3

1 ❶ gōngzuò ❷ gōngsī ❸ màoyì ❹ dǎoyóu

2

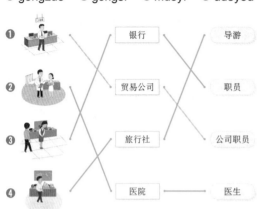

银行 — 导游
贸易公司 — 职员
旅行社 — 公司职员
医院 — 医生

3 ❶ 我在<u>银行换钱</u>。
❷ 我在<u>旅行社订票</u>。
❸ 我在<u>机场办手续</u>。

4 (예) ❶ 我是公司职员。
Wǒ shì gōngsī zhíyuán.
저는 회사 직원입니다.

❷ 我在IT公司工作。
Wǒ zài IT gōngsī gōngzuò.
저는 IT 회사에서 일합니다.

❸ 我在百货商店买东西。
Wǒ zài bǎihuò shāngdiàn mǎi dōngxi.
저는 백화점에서 물건을 삽니다.

2 现在几点? p.6~7

1 ❶ 1:05 → 一点五分
❷ 3:15 → 三点一刻 / 三点十五分
❸ 6:45 → 六点三刻 / 六点四十五分
❹ 5:30 → 五点半 / 五点三十分
❺ 4:20 → 四点二十分
❻ 8:55 → 八点五十五分

2

早上	→	上午	→	中午	→	下午	→	晚上
zǎoshang		shàngwǔ		zhōngwǔ		xiàwǔ		wǎnshang

3
上午九点 — 上课
中午十二点半 — 吃饭
下午五点 — 下课
晚上十一点一刻 — 睡觉

4 A: 现在几点?
A: 你几点回家?

5 (예) ❶ 我早上六点一刻起床。
Wǒ zǎoshang liù diǎn yí kè qǐchuáng.
저는 아침 6시 15분에 일어납니다.

❷ 我晚上七点四十五分回家。
Wǒ wǎnshang qī diǎn sìshíwǔ fēn huíjiā.
저는 저녁 7시 45분에 집으로 돌아갑니다.

❸ 我晚上十一点睡觉。
Wǒ wǎnshang shíyī diǎn shuìjiào.
저는 저녁 11시에 잠을 잡니다.

3 你们什么时候上课? p.10~11

1 ❶ měitiān, 매일
❷ 每周, 매주
❸ 每个月, měi ge yuè
❹ 每年, měinián

2 ❶ 早上6点 아침 6시부터 밤 11시까지
❷ 星期五 월요일부터 금요일까지
❸ 我家 우리집에서 회사까지
❹ 十月 2월부터 10월까지

3 ❶ b. 我不认识路。
❷ a. 你什么时候回家?

4 ❶ 我从两点到五点上课。
❷ 我从星期一到星期二考试。
❸ 我从三月到六月学汉语。

5 ❶ 你认识她吗?
❷ 我不认识路。
❸ 我们什么时候见面?
❹ 爸爸每个周末都去爬山。

你在干什么?

p.14~15

1 ❶ b. yuēhuì
  ❷ a. xǐzǎo
  ❸ a. xiàbān
  ❹ b. xiūxi
  ❺ b. bìyè

2 ❶ 奶奶在看电视。
  ❷ 弟弟在吃饭。
  ❸ 哥哥在休息。
  ❹ 妹妹在洗澡。

3 ❶ 10岁
  ❷ 吃饭
  ❸ 四月

4 ❶ 请稍等。/ 请等一下。
  ❷ 你在哪儿?
  ❸ 你在干什么(呢)?
  ❹ 不好意思

5 예 ❶ 我在做作业。
      Wǒ zài zuò zuòyè.
      저는 숙제를 하고 있습니다.

  ❷ 下班(下课)以后, 我要和朋友见面。
      Xiàbān yǐhòu, wǒ yào hé péngyou jiànmiàn.
      퇴근(수업이 끝나고) 후, 저는 친구를 만날 겁니다.

  ❸ 不好意思, 我没有时间。
      Bùhǎoyìsi, wǒ méiyǒu shíjiān.
      죄송합니다만, 시간이 없어요.

我先上去, 一会儿见!

p.18~19

  ❶ 进去
  ❷ 出来
  ❸ 上去
  ❹ 下来
  ❺ 过来

  ❶ 什么
  ❷ 怎么

  ❸ 哪儿
  ❹ 怎么样
  ❺ 为什么

3 ❶ 죄송해요, 번거롭게 해드렸네요.
  ❷ 어제 너무 번거롭게 해드렸어요.
  ❸ 번거로우시겠지만, 저와 함께 가주시겠어요.
  ❹ 가이드 아가씨, 번거롭겠지만, 우리 수속 밟는 것 좀 도와주세요.

4 ❶ 一会儿
  ❷ 一下
  ❸ 一下
  ❹ 一下, 一会儿

5 ❶ 太, 了
  ❷ 麻烦
  ❸ 马上
  ❹ 帮

王府井有多远?

p.22~23

1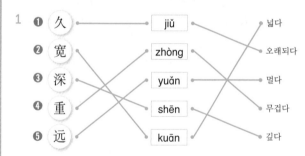

2 ❶ A: 长 B: 米
  ❷ A: 高 B: 米
  ❸ A: 远 B: 公里
  ❹ A: 重 B: 克

3 ❶ 爷爷早上6点左右起床。
  ❷ 我上班坐地铁50分钟左右。
  ❸ 我要等多久?

4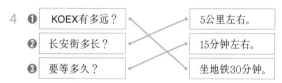

5 예 ❶ 大概一米六左右。
      Dàgài yī mǐ liù zuǒyòu.
      대략 160m 정도 됩니다.

❷ 我每天睡六个小时左右。
Wǒ měitiān shuì liù ge xiǎoshí zuǒyòu.
저는 매일 6시간 정도 잡니다.

❸ 不远，坐车二十分钟左右。
Bù yuǎn, zuò chē èrshí fēnzhōng zuǒyòu.
멀지 않아요, 차로 20분 정도 걸립니다.

你会喝酒吗？   p.26~27

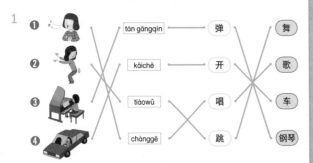

2 ❶ ✕ 能，불가능 (저 아파서, 시험 보러 못 가요.)

❷ ✕ 能，할 수 있는 능력 (저는 1분 동안 40미터를 수영해서 갈 수 있습니다.)

❸ ○ 배워서 할 수 있음 (당신 중국말 하실 줄 아세요?)

❹ ✕ 能，불가능 (저는 오늘 운전을 할 수 없습니다.)

3 ❶ 有点儿

❷ 一点儿

❸ 一点儿

4 ❶ 会，不会

❷ 能

❸ 一会儿

❹ 能，真抱歉

5 (예) ❶ 会一点儿。我能喝一瓶烧酒(혹은 啤酒)。
(*烧酒 shāojiǔ : 소주)
Huì yì diǎnr. Wǒ néng hē yì píng shāojiǔ(píjiǔ).
조금 할 줄 압니다. 소주 한 병 마실 수 있습니다.

❷ 我会说三种外语；英语、汉语、日语。
(*外语 wàiyǔ : 외국어)
Wǒ huì shuō sān zhǒng wàiyǔ:Yīngyǔ、Hànyǔ、Rìyǔ.
영어, 중국어, 일본어, 3개 국어를 할 줄 압니다.

我可以借你的数码相机吗？   p.30~31

1 ❶ 数码相机 (shùmǎ xiàngjī)

❷ 笔记 (bǐjì)

❸ 问题 (wèntí)

2 ❶ 就   ❷ 不行

3 借 / 几天 / 就行

4 ❶ 我可以帮你。

❷ 你可以帮我一下吗？

❸ 我可以坐这儿吗？

❹ 我可以进来吗？

5 ❶ 可以   ❷ 就行   ❸ 可以   ❹ 就行

他比我大四岁。   p.34~35

1 ❶ 比 bǐ

❷ 跟 (= 和) gēn (hé)

❸ 一样 yíyàng

❹ 更 gèng

2 ❶ 哥哥

❷ 那个房间

❸ 汉语

❹ 我的手机

* 포인트: 비교대상은 같은 조건이어야 합니다.

3 ❶ 중국인 이시죠? (알면서 물어봄)

❷ 이 방이 저 방 보다 더 비싸다.

❸ 나는 그와 나이가 같다.

4 ❶ 男朋友比我大(四岁)。

❷ 上海比北京(更)热。

❸ 词典比书重(一点儿)。

❹ 市场比百货商店便宜。

5 ❶ 我和他一样大。

❷ 我跟妈妈一样高。

❸ 英语和汉语一样难。

明天不会下雨吧？ p.38~39

1
- ❶ 认识 —— rènshi 알다, 인식하다
- ❷ 知道 —— zhīdao 알다, 이해하다
- ❸ 永远 —— yǒngyuǎn 영원히
- ❹ 忘记 —— wàngjì 잊다

2
- ❶ 暖和
- ❷ 电影
- ❸ 回来
- ❹ 难
- ❺ 爬山

3
- ❶ 一定
- ❷ 忘记
- ❸ 喜欢
- ❹ 一下

4
- ❶ 他会知道。
- ❷ 他不会知道。
- ❸ 他不会不知道。

5 a, b, c, d, e, f

你吃饭了吗？ p.42~43

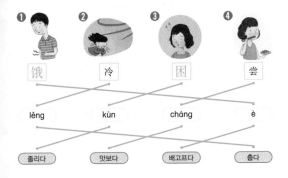

饿 冷 困 尝

lěng kùn cháng è

졸리다 맛보다 배고프다 춥다

- ❶ 没吃   ❷ 来了吗   ❸ 饿死了
- ❶ 什么   ❷ 哪儿   ❸ 谁
- ❶ 已经吃了。
- ❷ 还没吃(呢)。

- ❸ 谁也没吃。
- ❹ 什么也没吃。

5 Yes! ⓑ—ⓒ—ⓔ   No! ⓐ—ⓓ—ⓕ

别着急，还有时间！ p.46~47

1
- ❶ 上(个)星期, 上个月, 上次
- ❷ 这(个)星期, 这个月, 这次
- ❸ 下(个)星期, 下个月, 下次

2
- ❶ 着, 急   ❷ 着急
- ❸ 马上   ❹ 别

3
- ❶ 就   ❷ 才
- ❸ 才   ❹ 就 / 才

4
- ❶ 不好意思, 现在才看见短信。
- ❷ 别关门, 里面还有人呢。
- ❸ 别哭了, 都是我的错。

你去过香港吗？ p.50~51

1
- ❶ c, h   ❷ b, c, h, f, g
- ❸ d, c, h   ❹ c, h, a, e, g

2
- ❶ 只   ❷ 一次
- ❸ 好几次   ❹ 一下

3
- ❶ 听过   ❷ 见过   ❸ 吃过

4
- ❶ C   ❷ A   ❸ A   ❹ A   ❺ A

5 예 ❶ 我去过中国。
   Wǒ qùguo Zhōngguó.
   저는 중국에 가 본 적이 있습니다.

❷ 我去过好几次中国。
   Wǒ qùguo hǎo jǐ cì Zhōngguó.
   저는 중국에 여러 번 가 보았습니다.

❸ 我吃过中国菜。中国菜很好吃。
   Wǒ chīguo Zhōngguócài. Zhōngguócài hěn hǎochī.
   저는 중국요리를 먹어 본 적이 있습니다. 중국요리는
   매우 맛있습니다.

69

14 我正想着那件事儿。 p.54~55

1 ❶ a ❷ c ❸ b ❹ d

2 ❶ 坐 ➡ 坐着看书
  ❷ 站 ➡ 站着听音乐
  ❸ 躺 ➡ 躺着睡觉
  ❹ 跑 ➡ 跑着回家

3 ❶ 正
  ❷ 一直
  ❸ 着，呢
  ❹ 都，了

4 ❶ 都九点了，还不起床！
  ❷ 都八点了，你怎么还不来？
  ❸ 今天一直下雪。
  ❹ 手机一直关机。

5 ❶ 一直，着
  ❷ 一直，着

15 干了多长时间了？ p.58~59

1 ❶ gàn   맡다, 일을 하다
  ❷ juéde   ~라고 여기다
  ❸ nǔlì   노력하다
  ❹ chàbuduō 비슷하다

2 ❶ 等了两个小时了。(기다린 지 두시간 되었어요.)
  ❷ 教了好几年了。(여러 해 동안 가르쳤습니다.)
  ❸ 干了十多年了。(일한 지 십여 년 되었습니다.)
  ❹ 学了三个月了。(배운 지 3개월 되었어요.)

3 ❶ 好   ❷ 觉得   ❸ 该
  ❹ 久   ❺ 差不多

4 ❶ b   ❷ b

5

	A		B
❶	吃好了吗？		差不多20分钟了。
❷	等车的等了多久了？		差不多了。
❸	你学汉语多长时间了？		差不多一年了。

16 糟糕！我的护照不见了！ p.62~63

1 ❶ 糟糕
  ❷ 好像
  ❸ 生气
  ❹ 晴

2 ❶ 了，了
  ❷ 变冷了
  ❸ 比，瘦了
  ❹ 更，了

3 ❶ 不
  ❷ 不
  ❸ 没

4

❶ 我，你，打扫
→我帮你打扫。   저 계산하는 것 좀 도와주세…

❷ 你，我，看一下
→你帮我看一下。   그가 내 숙제를 도와줬어요.

❸ 你，我，算一下
→你帮我算一下。   제가 청소하는 것을 도와줄게…

❹ 他，我，做作业
→他帮我做作业。   당신이 한번 봐주세요.

5 ❶ 你比以前漂亮了。
  ❷ 有点儿饿了。
  ❸ 试试看。
  ❹ 我觉得一点儿也不咸。

초판 발행   2013년 8월 20일

저자   배경진 김인숙
발행인   이기선
발행처   제이플러스
주소   서울시 마포구 월드컵로 31길 62
전화   02-332-8320
등록번호   제10-1680호
등록일자   1998년 12월 9일
홈페이지   www.jplus114.com

편집   윤현정
북디자인   한민혜
마케팅   김재윤
삽화   박은미

ISBN   978-89-94632-99-5
                978-89-94632-96-4 세트

값 5,000원